Budson sc.

NOTICE

SUR

LA NOUVELLE STATUE ÉQUESTRE

DE LOUIS XIV,

Fondue d'après le modèle de M. Bosio, membre de l'Institut;

PRÉCÉDÉE

De quelques considérations critiques, et d'un aperçu historique sur la PLACE DES VICTOIRES et sur les divers monumens qui l'ont décorée depuis sa construction;

AVEC UNE GRAVURE;

Par C. Olivier BLANCHARD DE BOISMARSAS.

PARIS,

Chez M. MONDOR, Editeur,

AU BUREAU DES ANNALES FRANÇAISES,

Rue Meslée, N°. 52;

Et chez MARTINET, Libraire, rue du Coq, N°. 15.

1822.

DE L'IMPRIMERIE DE RICHOMME,
RUE SAINT-JACQUES, N°. 67.

NOUVELLE STATUE ÉQUESTRE

DE

LOUIS XIV.

L'USAGE d'élever des statues aux Rois et aux Princes pendant leur vie, fut sans doute introduit par la bassesse et consacré par la flatterie. Il existait encore en France, il y a 50 ans; mais il devait céder, comme tant d'autres coutumes, à l'influence du 18e. siècle; et si un conquérant moderne permit un moment de le faire revivre (1), un monarque législateur l'a totalement aboli, en déclarant naguères que c'était à la postérité à juger s'il méritait des statues (2).

Les monumens que l'on élève aux souverains après leur mort ne peuvent jamais, au contraire, être l'effet de l'adulation : ils sont presque toujours l'expression de la reconnaissance et de la vénération publiques. Souvent aussi l'amour des arts vient se mê-

(1) On sait que la colonne de la place Vendôme était surmontée de la statue pédestre en bronze de Napoléon. Celui-ci s'en excusait en disant que cette figure avait été fondue et posée sans son ordre, chose un peu difficile à croire.

(2) Il entrait dans le plan d'achèvement de la colonne des Bourbons, à Boulogne-sur-Mer, de terminer le monument par la statue en bronze de Louis XVIII; mais S. M. s'y est formellement opposée.

ler à ces considérations, et l'on peut dire alors que le monument érigé est vraiment national.

Ces réflexions s'appliquent naturellement à la nouvelle statue équestre de *Louis XIV*, en bronze, destinée à la place des Victoires. Les titres les plus sacrés et les plus honorables se présentent en foule pour justifier la réédification de ce monument, basée sur la piété filiale du monarque qui nous gouverne, sur l'admiration que tout français éprouve pour le grand Roi, et sur la reconnaissance que les arts lui doivent pour les nobles et utiles institutions qu'il a créées.

Mais, avant de nous occuper de cette nouvelle statue, jetons un coup-d'œil rapide sur la place au milieu de laquelle on va l'élever, et sur les divers monumens qui l'ont décorée depuis cent trente-sept ans.

La place des Victoires fut construite en 1685, par les ordres du maréchal *François d'Aubusson*, *duc de Lafeuillade*, pair de France, colonel des Gardes Françaises. Plein d'admiration pour Louis XIV, ce seigneur voulut, par un monument public et digne de la majesté royale, éterniser la reconnaissance qu'il professait pour son souverain. Ce monument devait être érigé sur une place publique, pour être incessamment offert à la vénération du peuple; et le duc de Lafeuillade se décida à acheter plusieurs hôtels, maisons et jardins contigus qui se trouvaient entre les rues Neuve des Petits-Champs, du Petit-Reposoir et des Fossés-Montmartre, pour en faire faire la démolition. La ville de Paris, ne voulant pas rester étrangère à la gloire de cette entreprise, paya en partie le prix d'acquisition de ces maisons, et l'on commença bientôt après la construction de la place. Jules Hardouin *Mansard* en dressa les dessins, et l'architecte *Prédot* fut chargé par la ville de la construction des maisons qui l'environnent; mais les dépenses relatives à l'érection du monument furent toutes au compte du maréchal de Lafeuillade.

La forme de cette place est circulaire, et son diamètre a quarante toises. L'ordonnance des maisons qui l'entourent est uniforme : ces maisons sont ornées de pilastres ioniques, portés sur un soubassement composé d'arcades; mais elles sont déparées par les niches mesquines et gothiques qui les terminent et auxquelles *Mansard* a eu le malheur de donner son nom.

Au milieu de cette place s'élevait, avant la révolution, sur un piédestal de marbre blanc veiné, la statue pédestre de Louis-le-Grand. Ce monarque était représenté avec les habits de son sacre, et foulant aux pieds un Cerbère; une victoire ailée, un pied posé sur un globe et l'autre en l'air, mettait d'une main une couronne de laurier sur la tête du héros et tenait de l'autre un faisceau de palmes et de branches d'olivier. Ce groupe monumental était de plomb doré et fondu d'un seul jet, ainsi que le globe, la massue d'Hercule, la peau de lion, le casque et le bouclier qui en formaient les ornemens et accessoires.

Aux angles du piédestal étaient quatre figures en bronze de douze pieds, représentant des esclaves chargés de chaînes. On a toujours voulu voir dans ces statues la désignation des peuples que Louis XIV avait subjugués ; mais il est plus généreux de penser que le fondateur avait seulement eu en vue d'exprimer par une allégorie la puissance du monarque et le succès de ses armes.

Les bas-reliefs représentaient, l'un *la préséance de la France sur l'Espagne en* 1662 ; l'autre, *la conquête de la Franche-Comté en* 1668 ; le troisième, *le passage du Rhin en* 1672 ; et le dernier, *la paix de Nimègue en* 1678.

Tous ces ouvrages avaient été conduits avec un rare talent par *Martin Vanden-Bogaer*, connu sous le nom de *Desjardins*. Enfin l'élévation du monument entier était de trente-cinq pieds.

Plusieurs inscriptions fastueuses couvraient les différentes faces du piédestal. Au bas de la statue on lisait ces mots gravés en lettres d'or : VIRO IMMORTALI.

Jusqu'en 1699, la place des Victoires fut éclairée pendant la nuit par quatre grands fanaux ornés de sculptures et d'inscriptions relatives aux actions les plus mémorables de Louis XIV. Un arrêt du Conseil ordonna à cette époque que ces fanaux ne seraient plus allumés; et, peu d'années après, ils furent démolis. Les motifs de cet arrêt étaient d'une frivolité qui allait jusqu'au ridicule : *les habitans des maisons de cette place étaient*, disait-on, *incommodé par l'attroupement des fainéans et vagabonds qu'attirait la lumière de ces fanaux.* Des personnes bien instruites ont attribué, avec plus de vraisemblance, cette détermination à ce distique assez plaisant que l'on vit un matin sur le piédestal de la statue :

> Lafeuillade, sandis, jé crois qué tu mé bernes,
> Dé placer lé soleil entre quatre lanternes.

C'est quelques jours avant la fédération du 14 juillet 1790, que l'on commença à dégrader ce monument. Les figures d'esclaves furent alors déposées dans la cour du Louvre, et transportées depuis aux Invalides, où elles sont encore (1). La statue de Louis XIV fut renversée le 10 août.

En 1793, on substitua au monument élevé par le duc de Lafeuillade une pyramide en planches, recouverte de toile, et sur laquelle furent inscrits les prétendus droits de l'homme décrétés par la Convention, les noms des départemens de la France et les victoires remportées par nos armées. Ce monument informe, qui accusait le mauvais goût, ne fut pas de longue durée; et l'on pensait à le remplacer par une construction qui aurait supporté un char triomphal, traîné par les chevaux de bronze enlevés à Venise (ainsi qu'on les a vus depuis sur l'arc de

---

(1) Elles ont douze pieds de proportion, et sont placées sur des socles de pierre de taille aux angles des avant-corps de l'Est et de l'Ouest de la façade septentrionale de l'Hôtel des Invalides; elles sont accompagnées d'attributs et d'emblêmes militaires. On a fait disparaître les chaînes ; mais on voit encore les *bracelets* auxquels elles étaient attachées.

triomphe du Carrousel), lorsqu'il parut un décret qui ordonnait qu'une statue pédestre en bronze serait élevée sur la place des Victoires, à la gloire du général Desaix, mort en nouveau Décius, dans les plaines de Marengo. Cette figure colossale, dont feu M. Dejoux avait fait le modèle, fut fondue par M. Remond; et mise en place peu d'années avant la restauration.

On se rappelle les défauts qu'une saine critique remarqua dans ce monument; et le reproche que l'on fit au statuaire de n'avoir point drapé la statue d'un guerrier moderne, dont l'image devait d'ailleurs être continuellement offerte aux regards du public, au milieu d'une des places les plus fréquentées de la capitale. Cette figure, qui devait être refaite sur un nouveau modèle, fut enlevée, en 1815, du piédestal de la place des Victoires; et transportée alors dans les magasins du Gouvernement (1).

Pendant les cent jours, il avait été question de commander, pour mettre sur le piédestal qui restait libre, une statue colossale en bronze du *Peuple français*; mais ce projet n'eut pas de suite.

Au second retour du Roi, il fut décidé, d'après un système général d'embellissement de Paris, que la statue équestre de Louis XIII serait rétablie sur la place Royale; celle de Louis XV sur la place du même nom; et qu'une figure équestre de Louis XIV

---

(1) Depuis, elle a fait partie des bronzes qui ont été employés pour la fonte de la statue équestre de Henri IV.

serait érigée sur la place des Victoires, pour remplacer la statue pédestre du monarque qui y existait avant la révolution.

Il fut alors arrêté en principe que ces divers monumens seraient en marbre et non en bronze. Cette décision fut basée sur des considérations majeures et d'une vérité incontestable : la fonte des statues de bronze en altère presque toujours les formes, et la sculpture n'a presque jamais rien produit de parfait qu'en marbre ; d'un autre côté, le marbre excite moins la cupidité que le bronze. Ces raisons prédominantes furent parfaitement senties par le Ministre de l'Intérieur de cette époque (1), et les mesures d'exécution furent prises en ce sens.

La statue de Louis XIV fut donc confiée au talent de M. Bosio, membre de l'Institut (2). Des ordres furent donnés à M. Henraux, commissaire du Gouvernement, pour faire venir d'Italie un bloc de marbre d'une dimension extraordinaire, dans lequel on pût sculpter le cavalier et le cheval d'un seul morceau ; et au mois de juin 1816, un vaste atelier fut construit sur la place des Victoires, de manière à ce que la voie publique en fût le moins possible embarrassée. Cette construction,

---

(1) M. le comte de Vaublanc.

(2) MM. Dupaty et Cartellier, membres de l'Institut, furent chargés de l'exécution des statues de Louis XIII et de Louis XV. Les modèles en sont terminés, et l'on s'occupe en ce moment d'extraire de Carrare des blocs de marbre d'une dimension convenable.

d'un effet désagréable, il est vrai, était autorisée par l'usage, depuis que des ateliers et des échafaudages du même genre avaient été élevés pendant un certain espace de temps pour les travaux d'embellissement de la place Vendôme, du Carrousel, du Terre-Plein du Pont-Neuf, etc., etc.

Le petit modèle était terminé avant le 1er. janvier 1817; l'artiste s'occupait avec zèle à revoir l'esquisse primitivement arrêtée, et à la perfectionner par des études approfondies; lorsque, toutes les parties du grand modèle étant presque finies et assemblées, une ordonnance du Roi, rendue sur le rapport du Ministre de l'Intérieur (1), le 14 avril 1819, ordonna que la statue équestre de Louis XIV, pour la place des Victoires, serait exécutée en bronze, au lieu de l'être en marbre. Rien ne fut changé pour les statues de Louis XIII et de Louis XV.

Sans entrer ici dans l'examen des motifs, peut-être personnels, qui firent rendre cette décision, nous ne pouvons cependant nous empêcher de regretter qu'un bloc de marbre, animé par le ciseau de l'un de nos plus habiles statuaires, n'ait pas surgi du milieu de la place des Victoires, pour attester aux yeux des Français et des étrangers, le noble hommage rendu par le génie des beaux-arts au monarque qui sut donner son nom à son siècle, au roi qui mérita d'avoir Colbert pour ministre, enfin à *Louis XIV*.

C'est ici l'occasion de consigner quelques observa-

(1) M. le duc Decazes.

tions que nous nous croyons permises dans l'intérêt des arts, et qui n'affaiblissent en rien le respect que nous avons pour la chose jugée et pour l'autorité suprême qui a prononcé.

Les trois statues équestres commandées par l'ordonnance du 19 janvier 1816, devaient occasionner une dépense de 500,000 fr. La seule figure d'Henri IV, en bronze, avait coûté cette somme. On en avait trois pour une; il y avait donc une économie considérable.

Mais, dans les arts, dans les monumens publics, ce qui doit guider, ce n'est pas seulement l'économie: les premières conditions à remplir sont la *beauté* et la *durée;* on peut trouver ce double avantage dans l'exécution en marbre.

Le fondeur n'a point le même talent que le sculpteur; le plus souvent il *estropie* le modèle (1). L'expression est peut-être un peu forte; mais elle est justifiée par quelques exemples. Il faut des *réparages* infinis; et le connaisseur, loin d'en être satisfait, cherche, mais en vain, ces belles formes, ce mouvement, cette vie, qu'il semblait être en droit d'attendre dans une statue exécutée à l'époque actuelle.

Dans une figure en marbre, le statuaire travaille

---

(1) Ces réflexions sont générales, et ne s'appliquent point aux artistes qui ont fondu les divers monumens en bronze que l'on voit aujourd'hui à Paris; et encore moins à M. *Carbonneaux,* fondeur de la statue de Louis XIV, qui a donné des preuves incontestables de son habileté dans la fonte des figures de *Henri IV* pour Nérac, de *Charles XIII* pour Stockolm, etc.

jusqu'à la fin. Après avoir fait dégrossir le bloc, il le sculpte, il le *remanie;* et cet ouvrage, qui est véritablement le sien, il ne le livre au public que quand son génie n'a plus rien à y faire, quand sa réputation n'a plus rien à y perdre, ou plutôt quand elle a tout à y gagner.

Autre considération. Le bronze semble d'abord devoir être plus durable; et sans doute il le serait en effet, s'il n'y avait à redouter que le temps et ses injures. Mais, comme nous l'avons déjà dit, il y a d'autres chances plus funestes : ce sont les révolutions, et les excès, les désordres, la cupidité, les besoins qu'elles traînent à leur suite, qu'il faut craindre plus que l'action lente des siècles.

De tant de statues d'or, d'argent, de bronze et de métaux de toute espèce, consacrées aux Dieux dans les temples, et aux héros sur les places publiques, par les peuples anciens, combien en est-il qui nous soient parvenues ? Fort peu. Tandis que tous nos Musées sont remplis encore des marbres de la plus haute antiquité.

Les bas-reliefs, les bustes, les statues d'Athènes et de Rome, les chefs-d'œuvre des plus grands artistes sont arrivés jusqu'à nous, toutes les fois qu'ils ont été en marbre. Mais nous regrettons la perte de tous ceux que citent les historiens et les poètes, comme ayant été faits d'une matière propre à être transformée en canons pour les conquérans, en vaisselle plate pour les princes, ou en cloches pour les moines.

Il ne faut cependant pas être exclusif; et s'il n'y

avait point eu à Paris de monument en bronze, nul doute qu'il n'eût fallu en créer un : mais la colonne de la place Vendôme, mais la fontaine du boulevard Bondy, mais la statue équestre de Henri IV existent.

On voulait que le marbre eût son tour ; et M. Bosio, l'un de nos statuaires les plus distingués, aurait fait pour l'une des places publiques les plus fréquentées de la capitale, une figure qui n'aurait pas eu de rivale en France, ni peut-être en Europe.

Ceci n'est pas exagéré : un *tour de force* allait être fait ; une figure équestre colossale allait être exécutée d'un seul bloc.... Ce bloc était déjà préparé ; il était tiré de la carrière ; ou, pour mieux dire, c'était un roc tout entier qu'on avait taillé exprès. Le modèle réduit de la figure, fait par l'artiste, devait être transporté en Italie. Des ordres avaient été donnés à Carrare pour faire *épanneller* la masse, afin de diminuer les frais de transport. Rien que le bloc seul eut été un monument : il avait été choisi avec un soin extrême. Paris allait voir une figure comme il n'y en a peut-être nulle part. Il y avait là quelque chose de noble et de grand qui semblait devoir attacher à ce dessein, tel que dès le principe on l'avait conçu.

Je sais que pour soutenir la figure de marbre, il aurait fallu un trophée qui aurait caché une partie des formes du cheval, lequel est au galop, et se tient sur ses pieds de derrière. Mais ce trophée lui-même ne pouvait-il pas donner de la majesté au monument? Et enfin si ce trophée contrariait les vues de l'artiste, son imagination lui aurait bientôt inspiré l'idée *historique* de le remplacer par une figure renversée, représentant la coalition des souverains vaincus par le génie de Louis XIV et par le courage de ses guerriers.

Mais revenons à l'exécution en bronze, et aux mesures qui furent la suite de cette décision.

Il fallait commencer par choisir un fondeur habile. Piggiani était mort victime de son zèle et des peines qu'il s'était données pour la statue de Henri IV. Tous les yeux se tournèrent alors vers M. Carbonneaux, jeune homme plein d'activité et de talent, qui s'était déjà fait connaître par la solidité et le *fini* des monumens sortis de ses ateliers.

Le ministre ayant fait choix de cet artiste, Son Excellence chargea M. Lafolie, conservateur des monumens publics, de stipuler, au nom du gouvernement, pour le traité à faire avec MM. Bosio et Carbonneaux. Le marché fut passé le 2 août 1819, et approuvé le 4 du même mois. Entre autres dispositions, on y convint des points suivans :

M. Bosio dut terminer le grand modèle en plâtre, le faire mouler à *bon creux*, et faire couler dans ce creux un plâtre pour être ajusté, réparé par lui, et livré ensuite au fondeur. Il s'engagea aussi à surveiller les opérations de la fonte, en ce qui concerne la fidèle reproduction du modèle.

M. Bosio ayant déjà reçu 15,000 francs à compte

sur le modèle de la statue en marbre, il fut dit qu'il toucherait, pour les travaux qui lui restaient à exécuter, une somme de 35,000 francs, divisée en plusieurs paiemens.

M. Carbonneaux dut fondre dans un moule en sable et en six morceaux principaux, à part les accessoires, la statue équestre de Louis XIV, conformément au modèle exécuté par M. Bosio; laquelle sera haute de quatorze pieds six pouces environ, sans aucun support sous le ventre, et posera sur les pieds de derrière et sur une partie de la queue.

Il demeura chargé de la main-d'œuvre, ainsi que de la fourniture des métaux, matériaux et ustensiles nécessaires pour la fonte; et dut employer un alliage aussi rapproché que possible de celui des *Keller*. Il s'obligea aussi à donner au bonze, dans les parties les plus légères, soit du cavalier, soit du cheval, au moins trois lignes d'épaisseur.

Les fers de soutien des jambes de derrière du cheval durent être en fer corroyé, et avoir au moins quatre pieds de scellement; il fut arrêté que les *armatures* intérieures seraient en fer forgé.

M. Carbonneaux se chargea en outre de ciseler la statue, de la faire transporter de son atelier à la place des Victoires, de la mettre sur son piédestal, et de la passer au vert antique, avant qu'elle fût exposée aux regards du public.

Il fut alloué au fondeur, pour toutes ses peines et opérations, une somme de 125,000 francs, divisée en cinq paiemens, au fur et à mesure de l'avancement des travaux.

Tout étant ainsi réglé, les deux artistes mirent aussitôt la main à l'œuvre, pour être à même de terminer le monument le plus promptement possible.

De son côté, l'administration s'occupa des travaux du piédestal; et M. le baron Hély d'Oissel, conseiller d'état, directeur des travaux publics, fut chargé d'en surveiller l'exécution. Des plans et devis furent demandés en conséquence à *M. Alavoine*, architecte distingué, connu par sa belle restauration de l'église de Séez, et par les constructions qui s'élèvent, sur ses dessins, pour la fontaine de la place de la Bastille.

Afin de donner au monument toute la solidité dont il est susceptible, on commença par démolir le massif qui supportait le piédestal de l'ancienne statue de Louis XIV. On eut lieu de s'applaudir de cette prévoyante mesure; car on découvrit, sous les fondations, des pilotis formés de bûches de chêne pourries, et qui n'avaient que deux à trois pieds de longueur. Elles avaient été enfoncées dans la vase qui remplissait alors l'ancienne cunette du fossé *dit* de Montmartre. On enleva cette vase et ces pilotis; et il fut décidé que la nouvelle fondation serait construite à trois pieds plus bas que l'ancienne, et assise sur un terrain solide.

Pendant que ces travaux s'exécutaient, le projet de M. Alavoine, adopté, après quelques modifications, par le conseil des bâtimens civils, reçut l'approbation définitive du ministre ; et Son Excellence, pour ne pas retarder les opérations du sciage des marbres, fit mettre de suite à la disposition de l'architecte six blocs choisis dans les magasins du gouvernement, et présentant ensemble une masse de dix-sept cents pieds cubes environ. On se rappelle que le transport d'un de ces blocs, depuis le quai de Billy, jusqu'à la place des Victoires, fut un objet de curiosité pour tout Paris. Enfin, trente mètres cubes de granit furent également livrés à M. Alavoine, pour la construction du degré destiné à porter la grille qui doit entourer le monument.

D'après le projet soumis à l'autorité supérieure pour la construction du piédestal, la terrasse ou *plinthe* au-dessous du cheval devait être en bronze. Ce parti, adopté après un mûr examen, avait été reconnu offrir plus de solidité que tout autre, en raison de ce que le cheval ne porte que sur un seul point; et il était en quelque sorte commandé par la nécessité, parce qu'on n'avait pas de bloc de marbre assez épais pour former la corniche du piédestal d'un seul morceau, sans la ressource de cette terrasse en bronze.

Le statuaire réclama contre cette détermination qui tendait, disait-il, à laisser inaperçus tous les dessous du monument, notamment l'étude du ventre, à laquelle il avait donné des soins particuliers; tandis que les reflets de la terrasse en marbre les eussent fait ressortir.

Cependant, le premier projet ayant été approuvé

par le conseil des bâtimens civils, le ministre, pour ne pas se porter seul juge d'une question qui était entièrement du ressort des hommes de l'art, résolut de renvoyer l'examen de cette affaire à une commission spéciale prise dans le sein de l'Institut : cette commission fut composée de MM. Quatremère de Quincy, secrétaire perpétuel de l'Académie royale des beaux-arts; Cartelier et Dupaty, statuaires; Percier et Thibault, architectes.

La commission ne crut pas devoir s'expliquer sur la question générale de goût et de convenance relative à la matière dont il faut faire la plinthe d'une statue; c'est-à-dire s'il convient au bon effet de toute statue, que sa plinthe ou terrasse soit de la même matière que la statue. L'usage ayant consacré des exemples divers à cet égard, sur-tout pour les statues équestres en bronze, les membres de la commission, *se réservant leur opinion particulière*, déclarèrent n'avoir point à énoncer leur avis sur ce point.

Mais, après avoir entendu M. Bosio, d'une part, et M. Alavoine, de l'autre, et pesé les raisons qui peuvent déterminer à faire la plinthe, soit en bronze, soit en marbre; la commission reconnut que, du côté de l'architecte, il pouvait y avoir dans l'intérêt de son art, une raison plausible de désirer que la plinthe fût en bronze, pour indiquer, par le changement de matière, qu'elle ne faisait plus partie du piédestal; tandis qu'au contraire cette terrasse, faite en marbre, semblerait ajouter au piédestal, une addition inutile et hors d'usage.

M. Bosio fit observer que, dans l'intérêt aussi de son art, il convenait que la plinthe ou terrasse fût en marbre blanc; parce que la couleur lumineuse de cette matière, se reflétant sur le ventre du cheval, ferait mieux voir l'étude, les finesses du travail et les passages de détail de toute cette partie du monument, partie devenue sur-tout plus importante ici, par le mouvement de l'animal qui, en se cabrant, doit découvrir aux yeux du spectateur le dessous de son corps beaucoup plus que dans toute autre attitude ou position.

Enfin, après s'être assurée que la différence de dépense qui résulterait du changement de matière, mériterait à peine d'être prise en considération, la commission reconnut que M. Bosio avait de fort bonnes raisons pour vouloir que la plinthe ou terrasse du cheval fût en marbre blanc; et elle pensa unanimement que la proposition du statuaire devait l'emporter sur celle de l'architecte.

Quelques-unes des considérations qui précèdent le délibéré de la commission, sont pourtant de nature à fixer l'attention des fonctionnaires qui se trouvent à la tête de l'administration des arts; parce qu'elles semblent avoir été posées en principe, et que, dans un cas semblable, on pourrait chercher à s'en prévaloir.

La commission disait que, « dans un monument tel » que celui d'une grande statue équestre, où la sculpture » est le principal, et où le piédestal est un accessoire » subordonné, il convenait que l'*intérêt du sculpteur*

» *l'emportât sur celui de l'architecte;* qu'au sculpteur » devait appartenir le droit de prescrire les formes, » la mesure, la proportion et le goût du piédestal; » que, par suite de ce droit réciproque, la sculpture, » lorsqu'elle devenait l'accessoire de l'architecture, » devait aussi recevoir de l'architecte les règles de » goût, de proportion, de convenance et de compo- » sition. »

Je ne pense pas que de tels principes soient susceptibles d'être admis, je dirai même d'être examinés; car ils ne tendraient à rien moins qu'à faire faire de l'architecture par des peintres et des sculpteurs, et de la peinture ou de la sculpture par des architectes. En architecture, prescrire les formes, la mesure, la proportion, le goût, c'est évidemment prescrire tout ce qui caractérise une composition; c'est exactement faire un projet d'architecture, et *vice versâ :* or nous avons des peintres, des sculpteurs et des architectes, qu'il faut employer chacun pour la chose à laquelle il est propre. Il serait aussi peu raisonnable de vouloir que M. Bosiò fît de l'architecture, que de permettre à M. Baltard, par exemple, de composer les tableaux de la coupole et des pendentifs de Sainte-Geneviève (1).

Le ministre devant régler sa décision sur l'avis définitif de la commission spéciale qu'il avait nommée, Son Excellence prescrivit au directeur des travaux de faire faire la terrasse en marbre; mais il fut

(1) C'est M. Gros qui peint la coupole de cette église; M. Gérard est chargé d'exécuter les peintures des pendentifs.

convenu qu'elle serait formée d'une seule et même assise, au lieu de se composer de huit morceaux, dont les joints se seraient perdus dans le travail des *oves* et des *perles*, comme l'avait d'abord proposé le statuaire.

Toutes les dispositions nécessaires ayant ainsi été arrêtées pour les travaux du statuaire, du fondeur et de l'architecte, le gouvernement pensa avec raison que le rétablissement de la statue équestre de l'un de nos plus grands rois, méritait d'être consacré par une médaille. Le ministère chargea l'Académie des incriptions d'en faire le dessin; et l'exécution en fut confiée à M. Gayrard, dont plusieurs ouvrages marquans en ce genre avaient déjà fait la réputation.

Cette médaille représente le monument même, suivant l'usage constamment observé, depuis les temps les plus reculés, pour les médailles destinées à célébrer le rétablissement d'un monument détruit. Elle porte en légende :

VICTORIARVM. LVDOVICI. XIV.
MEMORIA. RENOVATA.

et à l'exergue :

ÆNEO. SIGNO. POSITO.
M DCCCXXII.

Cependant les opérations du moulage de la fonte et de la ciselure, ne restaient pas en retard; elles étaient poussées avec activité, ainsi que les travaux de construction du piédestal.

Le cavalier fut fondu d'un seul jet dans le courant du mois de mai 1821.

La fonte de la partie supérieure du cheval eut lieu au mois de décembre de la même année; celle de la partie inférieure fut effectuée en mai 1822.

De ces trois parties réunies, résulte le groupe imposant et remarquable qui forme le monument destiné à la place des Victoires.

Louis XIV est à cheval; son coursier se cabre; le héros n'en paraît point effrayé. Le roi est vêtu à la romaine; sa physionomie et sa pose annoncent la dignité réunie à la force. Son vêtement laisse apercevoir toutes les formes de sa taille. De la main gauche, il tient la bride de son cheval; de l'autre, le bâton du commandement.

Rien n'a été négligé pour que ce monument fût digne de sa destination. Administrateurs et artistes, tous ont rivalisé de zèle en cette circonstance. Parmi les fonctionnaires publics qui ont si puissamment coopéré à relever la statue du grand roi, nous devons citer ici avec reconnaissance M. le comte Siméon, ancien ministre de l'intérieur (1); S. Exc. M. de Corbière, ministre actuel; M. le baron Capelle (2), conseiller d'état, secrétaire-général du ministère, qui, lorsqu'il avait dans ses attributions la direction des arts, a fait tout ce qui dépendait de lui pour hâter

(1) Aujourd'hui pair de France et ministre d'État.

(2) Ancien préfet des départemens de l'Ain et du Doubs, chargé spécialement par le roi, de l'administration générale des

l'achèvement des travaux; M. le baron Hély d'Oissel (1), conseiller d'état, lequel, en sa qualité de directeur des travaux de Paris, a fait exécuter avec habileté et promptitude toutes les décisions relatives à la construction du piédestal; enfin, M. Lafolie (2), conservateur des monumens publics, chargé par le ministre de délivrer les bronzes et les marbres, et de faire toutes les vérifications relatives à l'avancement des travaux du statuaire et du fondeur.

Il ne nous reste plus maintenant qu'un vœu à former : c'est que la statue équestre de Louis XIV soit découverte cette année, le jour de la fête du roi. Tout nous fait espérer que ce bouquet, offert par des sujets heureux et reconnaissans, flattera le cœur d'un monarque qui, au titre de protecteur éclairé des arts, réunit ceux plus sacrés encore de fondateur des libertés et du bonheur de ses peuples, de *père de la patrie*.

---

communes et des hospices, et se faisant remarquer dans toutes ses fonctions par un véritable amour du bien.

(1) Paris lui doit, depuis deux ans, la continuation d'édifices publics très-importans, dont la construction restait suspendue.

(2) Auteur d'un excellent ouvrage sur la *Statue équestre de Henri IV*. Un vol. in-8°., chez Lelong, libraire au Palais-Royal, et au bureau des *Annales françaises*, rue Meslée, N°. 52.

On trouve chez M. MONDOR, *rue Meslée, n°.* 52, *les ouvrages suivans dont il est éditeur:*

ANNALES FRANÇAISES des Arts, des Sciences et des Lettres (1); par une société d'artistes, de savans et de littérateurs. Prix de l'abonnement, 25 fr. par an, 28 fr. par la poste (ou 9 fr. le vol. avec fig.)

OBSERVATIONS *scientifiques et critiques* sur les Arts dépendans du Dessin, par M. le chevalier *A. Lenoir;* présentées au Roi. Un vol. in-8°. avec fig., prix 6 fr.

LETTRES SUR LA CHAMPAGNE et ses environs, par M. *A. de Géronval;* présentées au Roi. Un vol. in-12, prix 2 fr. 50 c.

DISSERTATIONS sur les *Vénus*, l'*Apollon* et la statue découverte à *Milo;* par plusieurs artistes et antiquaires; in-8°., prix 2 fr.

NOTICE *historique et descriptive* sur CHAMBORD, et ses dépendances, par M. *Gilbert;* (2e. édition) présentée au Roi. Prix 1 fr.

Et tous les *ouvrages* annoncés dans les ANNALES FRANÇAISES.

---

(1) Cet ouvrage, qui est à son 10e. vol. in-8°. (ou 3e. de la 2e. série) paraît par livraisons, souvent avec gravures. Il est honoré des souscriptions de la FAMILLE ROYALE entière.

www.ingramcontent.com/pod-product-compliance
Ingram Content Group UK Ltd.
Pitfield, Milton Keynes, MK11 3LW, UK
UKHW032031260826
14628UKWH00006B/2874

9 782012 86258